Vida y muerte
en La Mara Salvatrucha

Cover and Chapter Art by
Irene Jiménez Casasnovas

Autor anónimo

ISBN: 978-1-935575-18-4

Fluency Matters, P.O. Box 11624, Chandler, AZ 85248

info@FluencyMatters.com • FluencyMatters.com

A NOTE TO THE READER

This Comprehension-based™ reader tells a riveting story using high-frequency vocabulary and advanced grammatical structures. It is an ideal read for intermediate level language learners.

All vocabulary structures used in the story are listed in a comprehensive glossary found at the back of the book. You may notice that many verbs are listed more than once, as most are used in various forms and tenses throughout the book. (Ex: I go, he went, we are going, to go, etc.) Vocabulary and grammatical structures that would be considered above an intermediate level are footnoted on the page where each first appears in the story.

Athough this story is fictitious, the author, who wishes to remain anonymous, has based the characters and events on extensive investigation of gang life in general, and more specifically of La Mara Salvatrucha. The opinions and events in this story do not reflect or represent the opinions or beliefs of Fluency Matters. We hope you enjoy the story and enjoy reading your way to FLUENCY.

Índice

Vida y muerte

en La
Mara Salvatrucha

DATOS SOBRE MS-13

El origen de La Mara Salvatrucha-13

Durante la década entre 1980 y 1990 hubo una guerra civil en el país de El Salvador. Está estimado que hasta 100,000 personas perdieron la vida como resultado de la guerra. Por eso, muchas personas intentaron escapar la violencia e inmigraron a los Estados Unidos.

Una gran cantidad de los refugiados salvadoreños finalmente llegó a una parte de Los Ángeles, California, que se llama Rampart. Allí buscaron trabajo y casas a precios razonables. Ellos no esperaban que fueran a recibir una bienvenida amigable de los mexicano-americanos que ya residían en Rampart. No esperaban tampoco que el vecindario ya estuviera lleno de crimen y violencia por la influencia de unas pandillas[1] locales. Muchos de los mexicano-americanos tomaron a los salvadoreños como una amenaza a la estabilidad de sus trabajos y casas. Por eso, la pandilla mexicana local, La Calle 18 (18th Street Gang,) empezó a atormentar a los inmigrantes salvadoreños.

[1]pandillas - gangs

i

Finalmente, por necesidad, los jóvenes salvadoreños empezaron a juntarse en grupos cuando salían a la calle. Se juntaban por su propia protección. Ellos tenían un elemento común que los unía y era que compartían sus raíces salvadoreñas. Al principio, la intención no era formar una pandilla formal y organizada. MS-13 nació de circunstancias defensivas, pero muy pronto el enfoque de los muchachos cambió.

Cómo se organizó y ganó influencia La Mara Salvatrucha-13

Tras el tiempo, las intenciones de los jóvenes salvadoreños cambiaron al juntarse para su propio beneficio. Empezaron a cometer actos criminales que beneficiaban a los muchachos. Finalmente tomaron el nombre La Mara Salvatrucha-13. 'La Mara' es un término salvadoreño que significa 'pandilla' y 'Salvatrucha' se refiere a los miembros de un grupo de soldados salvadoreños FMLN que pelearon en la guerra civil.

Muy pronto los miembros de La MS-13 ganaron una reputación en la calle de ser extremadamente brutales. Como unos habían sido soldados en la guerra, implementaron tácticas militares que habían aprendido en El Salvador. Muchos de los pandilleros norteamericanos nunca habían visto el nivel de violencia y organización que usaban los Salvatruchas.

El gobierno norteamericano muy pronto reconoció a los miembros de la Mara Salvatrucha como una amenaza a la seguridad del país. Empezaron a arrestar a los miembros por sus crímenes y notaron que muchos estaban en los Estados Unidos indocumentados. Por eso, el gobierno empezó a deportar a los Salvatruchas de regreso a El Salvador con la esperanza de eliminar la pandilla del país.

Cuando los Salvatruchas llegaron a El Salvador, no entraron a la cárcel. No habían cometido crímenes en El Salvador y por eso, entraron a la sociedad como hombres libres. Muchos Salvatruchas aprovecharon la oportunidad de expandir las operaciones de la pandilla en El Salvador, donde antes no existía.

Finalmente, la influencia de MS-13 se expandió a otros países centroamericanos. Existe una influencia considerable de la pandilla en otros países como México, Guatemala, Honduras y Nicaragua. Hoy en día, esta influencia continúa expandiéndose. Está estimado que hay más de 100,000 miembros activos de la pandilla con aproximadamente 10,000 operando en los Estados Unidos.

¿Cómo se hace miembro de la pandilla?

Si un muchacho expresa interés en ser miembro de MS-13, él recibe su membresía[2] en un evento que se llama en inglés *'jumping in.'* Durante esta ceremonia los miembros pelean con el nuevo miembro golpeándolo por todo el cuerpo. La ceremonia dura por lo menos 13 segundos.

Después de la ceremonia de *jumping in*, se revelan las 13 reglas de la pandilla al nuevo miembro. Poco después el nuevo miembro recibe órdenes para cumplir su primera misión que es un acto criminal que sirve para probar la lealtad a la pandilla. Los miembros ganan respeto y posición en la pandilla cumpliendo más y más misiones con éxito.

Las reglas de la Mara Salvatrucha

Como es un secreto guardado con la vida, no son exactamente evidentes todas las reglas de la pandilla. Lo que se sabe es que los miembros tienen que ganar dinero para las operaciones de la pandilla,

[2]*membresía - membership*

buscar nuevos miembros para expandir la influencia de MS-13, evitar relacionarse con las pandillas consideradas enemigas, obedecer las órdenes de los líderes y ser fieles[3] a la pandilla por el resto de su vida. Según las reglas, ser miembro de la pandilla es una decisión que tiene consecuencias de por vida. Si uno intenta salirse de MS-13, esto puede ser castigado con la muerte.

Los tatuajes de la pandilla

Los tatuajes son muy importantes en la vida de un pandillero Salvatrucha. Los miembros típicamente se ponen tatuajes con 'Mara Salvatrucha-13' en el pecho, la espalda o las manos. Había un tiempo cuando los miembros se ponían el nombre de la pandilla en la cara, pero esta práctica ya no es tan popular. Los tatuajes en la cara limitan a los miembros operar en secreto y es contrario a sus objetivos.

Es común que un miembro tenga un tatuaje del nombre de su 'clique' en alguna parte del cuerpo. Un clique es un sub-grupo de la pandilla que opera

[3]fieles - faithful

en una región específica. Los policías e investigadores han usado los tatuajes de los nombres de los diferentes cliques para identificar el movimiento de los miembros de la pandilla de región a región en los Estados Unidos y en Centroamérica.

Hay otros tatuajes que tienen significados comunes que son populares con los miembros de MS-13. Uno es tres puntos que forman un triángulo, normalmente encontrado en la mano. Los puntos pueden significar 'mi vida loca' refiriéndose a la loca vida pandillera. También pueden significar los tres destinos de un pandillero: la muerte, el hospital o la cárcel. Una lágrima tatuada en la cara significa que un miembro ha perdido a un compañero de la pandilla o también que el mismo miembro ha matado a un pandillero enemigo.

Otro tatuaje común es una cara triste y una cara feliz como el símbolo del teatro. La cara triste representa la tristeza de haber pasado tiempo en la cárcel. La cara feliz representa la emoción de haber recibido la libertad después.

El propósito y las operaciones de la pandilla

El propósito de MS-13 es el mismo que el de

muchas otras pandillas. Los líderes hacen ofertas a sus miembros y a cambio los miembros tienen que cumplir ciertos requisitos. Lo que dicen que les ofrecen es la protección, la seguridad física y económica, y el sentido de ser parte de una gran 'familia extendida.' En cambio, los líderes requieren que los miembros obedezcan las reglas y que cumplan con las órdenes.

Los líderes siempre utilizan para avanzar las ganancias[4] financieras y el poder e influencia de la pandilla. Cuando ellos se reúnen, hablan de los negocios y toman decisiones para avanzar los intereses de la pandilla. Los líderes hacen un plan de acción y dan órdenes a los miembros para implementar el plan. Los miembros en la calle necesitan cumplir con las órdenes y no importa si las acciones son ilegales o inmorales. Si los miembros no cumplen las órdenes, pueden recibir castigos de los líderes.

Al principio, parecía que los diferentes cliques de la pandilla operaban independientemente y los crímenes principales que cometían eran robos de dinero y carros, etc. Ahora es evidente que los

[4]*ganancias - earnings, profits*

cliques se están organizando mucho más y comunicándose entre ellos. Así con más intercomunicación, el poder y el nivel de crimen de la pandilla han estado expandiéndose rápidamente.

A través de los años los Salvatruchas se han ido abriendo puertas en diferentes sectores del crimen hasta llegar al nivel del crimen internacional. Ahora están involucrados[5] en el tráfico de armas, personas indocumentadas y drogas de Centroamérica a los Estados Unidos. Además, tienen conexiones con la prostitución en muchas partes. Los Salvatruchas pueden ofrecer contratos para el asesinato de personas y también están involucrados en el lavado de dinero ilegal. Los Salvatruchas se sienten muy orgullosos cuando dicen que no hay nada que no puedan hacer por un precio. Todo es un negocio para ganar dinero.

Fuentes de información

World's most dangerous gang [DVD] / National Geographic Channel; produced by Andrew Tkach;
written by Charles Poe and Gary Parker.
[United States]: National Geographic Channel, 2006.
www.knowgangs.com; www.fbi.gov; www.history.com

[5]*involucrados - involved*

CAPÍTULO I

Mi iniciación

Fueron los trece segundos más largos de mi vida. Me golpearon y me patearon en las piernas, el estómago, la espalda y la cabeza por cada uno de esos trece segundos. Yo nada más me cubrí la cara y acepté el castigo. Fueron trece segundos muy largos, pero fue un precio mínimo que yo pagué para obtener mi iniciación en mi nueva vida y familia.

Ocho años antes, yo había nacido en Los Ángeles. Originalmente mi familia era de El Salvador, pero yo nací acá. En los años ochenta había una guerra civil muy violenta en el país. Por eso, mis padres vinieron a los Estados Unidos en busca de seguridad para la familia que querían crear y ampliar. Ellos solamente tenían dieciocho años. Eventualmente ellos establecieron su vida en un vecindario salvadoreño en Los Ángeles.

Como muchos otros salvadoreños durante la guerra, mis padres salieron de El Salvador por la violencia, pero parece que la violencia los siguió hasta California. Al llegar a L.A. mis padres experimentaron mucho maltrato y brutalidad de mano de unas pandillas locales que controlaban las calles. Había varias pandillas distintas operando en L.A., pero una en particular: La Pandilla de la Calle 18. Esta consideraba a los inmigrantes salvadoreños como una amenaza a su territorio. Los de la Calle 18 eran un grupo de muchachos mexicanos que querían controlar las calles de Los Ángeles.

Al pasar el tiempo, mi papá y sus amigos salvadoreños se juntaron para protegerse cuando salían a la calle. Finalmente, por necesidad, ellos formaron su propia pandilla salvadoreña. La pandilla tomó el nombre de La Mara Salvatrucha 13. Al principio, la pandilla solamente existía para la protección de sus miembros, pero eso solo duró unos años.

CAPÍTULO II

Mi madre

Durante los años en que había cierto tipo de paz en el vecindario, nacimos mi hermano y yo. De pequeños, crecimos relativamente seguros, pero un día, todo cambió para siempre. Todo cambió de una manera en la que nunca volveríamos a ser iguales en nuestra familia, nunca.

Un día mi mamá y mi hermano mayor se fueron caminando al supermercado para comprar comida para la cena. De regreso a casa, sin pensarlo, ellos pasaron cerca del territorio de los de la Calle 18. Sabiendo que ella era la esposa de un Salvatrucha, los pandilleros[1] de la Calle 18 siguieron a mi mamá y a mi hermano. En una calle sin policías, uno de ellos sacó una pistola y le disparó a mi madre.

Mi hermano solo tenía seis años cuando esto sucedió. Pedro lo vio todo. Cuando mi mamá se cayó al pavimento, los miembros de la Calle 18 escaparon corriendo. Pedro agarró la mano de mi mamá, pero ella ya estaba sin vida. Pedro tenía mucho miedo. Se quedó allí llorando, paralizado en la calle. No entendía lo que pasaba. Ese día Pedro escapó con vida. Muy pronto su miedo se convirtió en enojo y odio hacia la Calle 18 y las injusticias de la vida.

[1]*pandilleros - gangsters*

CAPÍTULO III

Mi padre

Nunca me voy a olvidar de aquel día. Fue el día que cambió mi vida para siempre. Me acuerdo que yo estaba en la sala jugando a los carros con Pedro cuando entró mi padre muy agitado. Nos dijo:

– Voy a salir por unos momentos. Ustedes se van a quedar aquí, yo regreso pronto.

– Papi, yo quiero ir contigo –le dijo Pedro–. ¿Adónde vas?

— No Pedro, yo voy solo. Tú necesitas quedarte en casa para cuidar a tu hermanito. Tú eres grande y necesitas protegerlo. Yo voy a regresar muy pronto.

— OK, papi, yo me quedo. Voy a cuidar a mi hermanito como tú dices, pero, ¿cuándo regresas?

— Muy pronto hijo mío, muy pronto.

Nosotros no lo vimos, pero aparentemente papá fue a su cuarto y sacó una pistola que tenía debajo de la cama. También sacó una caja de balas y se las metió a la pistola. Se puso la pistola en la cintura, debajo de los jeans y nos dijo «hasta luego». Cuando salió del apartamento fue la última vez que vimos a nuestro padre.

No sabemos exactamente lo que pasó con papá, pero supuestamente él fue al territorio de los de la Calle 18. Todos dicen que papá intentó matar a unos de ellos para vengarse de la matanza de mi mamá. Yo no sé mucho de los detalles, pero unos policías arrestaron a mi papá y lo metieron a la cárcel. Papá pasó muy poco tiempo allí. Luego, lo deportaron de regreso a El Salvador junto con otros miembros de los Salvatruchas.

¿Qué le pasó a mi papá cuando regresó a su país? La verdad es que yo no sé mucho. Lo que sé es que cuando deportaron a los Salvatruchas, eso ayudó a nuestra pandilla a expandir su poder e influencia fuera de los Estados Unidos. Nos dio enlaces en Centroamérica. Abrió las puertas a muchas oportunidades financieras: importando drogas, armas y personas indocumentadas desde el sur de la frontera.

Supuestamente mi papá fue un instrumento poderoso en el establecimiento de la Mara Salvatrucha en El Salvador. Esto yo no lo creo. Pedro y yo intentamos buscarlo varias veces, pero nunca supimos nada de él. Nunca lo encontramos. Algo le pasó allá. Probablemente lo mataron. Él nos quería mucho. Él jamás nos hubiera abandonado sin decirnos una sola palabra.

CAPÍTULO IV

Gustavo

Cuando papá fue a la cárcel, Pedro y yo fuimos a vivir a la casa de su amigo. El amigo se llamaba Gustavo. Por la tarde cuando él vino a nuestro apartamento, nosotros no sabíamos que Gustavo finalmente sería como otro padre para nosotros.

Gustavo era el mejor amigo de mi papá desde la niñez. Ellos crecieron juntos en el mismo vecindario en El Salvador. Eran inseparables. Hicieron todo juntos. Jugaban mucho fútbol en las calles. También, como todos los muchachos, se metieron en muchos líos en la escuela, y estaban siempre juntos.

El día que tomaron la decisión de emigrar a los Estados Unidos, tomaron la decisión juntos. Estaban preocupados por toda la violencia en su país a causa de la guerra. Los dos querían tener una familia y criar a sus hijos en un ambiente más seguro.

Un día, ellos dejaron sus trabajos. Agarraron unas cuantas cosas y salieron con sus esposas a la estación del autobús. Tomaron autobuses hacia Guatemala y México. En la frontera de los Estados Unidos, ellos le pagaron casi todo el dinero que tenían a un coyote que los pasó al otro lado. Sabían que no era lo correcto, pero pensaban que criar a una familia con la guerra y la violencia de El Salvador no era correcto tampoco.

¿Es extraño verdad? Los dos mejores amigos del mundo sacrificaron todo para el bienestar de sus familias. Ellos solamente querían paz y oportunidades para sus hijos. Salieron de una situación violenta e inestable, pero lo que encontraron en las calles de Los Ángeles fue igual de malo. Mi papá y Gustavo se enfrentaron a la violencia y desafortunadamente no pudieron superarla. La violencia los superó a ellos.

CAPÍTULO V

Mi primera misión

Me acuerdo de mi primera misión. Yo solo tenía nueve años. Estaba en el cuarto grado. Mi hermano y Gustavo me llevaron al territorio de la Calle 18 en un carro. Yo no sabía exactamente lo que íbamos a tener que hacer.

Al llegar, Gustavo sacó una pistola del compartimento del carro, metió seis balas en la pistola y me la dio. El señaló a unos muchachos en la calle. Me dijo:

– Hoy es el día en que tú te vas a hacer hombre. ¿Ves a los muchachos que están allá? Son enemigos. Son miembros de la Calle 18. Son ellos quienes mataron a tu mamá. Yo quiero que tú tomes esta pistola y que le dispares a unos de ellos.

Yo tenía miedo. Estaba nervioso y confundido. Yo no sabía qué hacer. Yo estaba temblando. Entonces mi hermano me dijo:

– ¡Ve, hazlo! Ellos son la razón por la cual no tenemos a mami ni a papi. Todo es culpa de ellos. ¡Ve y dispara!

La verdad es que no me acuerdo mucho de lo que pasó. Me acuerdo de haber caminado hacia los muchachos. Me acuerdo que yo estaba temblando y con un sudor frío. Yo apreté el gatillo[1] varias veces. El eco de los disparos todavía suena en mi cabeza, pero las caras de los muchachos... no me acuerdo de sus caras.

[1]gatillo - trigger

Me acuerdo cuando yo estaba en el carro después. Gustavo y Pedro me felicitaron.

> – Lo hiciste bien pandillerito[2]. Cumpliste tu primera misión. Ahora tú eres un verdadero hombre y un Salvatrucha oficial –me dijo Gustavo.

> – Si papi estuviera aquí, estaría muy orgulloso de ti –dijo Pedro.

Una parte de mí sentía mucho orgullo de lo que yo había hecho aquel día en la calle. Me dijeron que me había hecho hombre y Salvatrucha. De hecho, me llevaron a ponerme mi primer tatuaje después de este episodio. Aquí está en mi brazo derecho, dice «Por el amor a mis padres».

La otra parte de mí tenía mucho miedo y remordimiento. Esta parte estaba confundida y aún triste por lo que yo les había hecho a los muchachos en la calle. Yo nunca le he mostrado esta parte a nadie. Esta parte no era nada de hombre. Especialmente no era nada de Salvatrucha.

[2]*pandillerito - little gangster*

CAPÍTULO VI

Mi trabajo

A través de los años me dieron muchas otras misiones que yo cumplí con éxito. Así es como yo me hice un líder en nuestro 'clique'. Un 'clique' es un grupo de miembros que maneja un cierto territorio para la pandilla. Como los Salvatruchas ya se encuentran en todas partes, usamos un sistema de 'cliques' para organizarnos en los negocios de la pandilla.

Finalmente yo me hice uno de los líderes de un 'clique' porque yo probé mi valor cumpliendo muchas misiones. Gustavo siempre nos empujaba a Pedro y a mí a probarnos con los otros líderes antiguos. Poco a poco yo gané más y más confianza con los líderes principales. Así yo gané más responsabilidades e influencia en la pandilla.

Cuando yo tenía 16 años, mi principal responsabilidad era ganar plata para la pandilla. Nosotros los Salvatruchas ganamos dinero de muchas maneras. Importamos y vendemos drogas provenientes de Centroamérica. Vendemos el paso seguro de personas indocumentadas a los Estados Unidos. También les vendemos protección a estas personas. Ese era mi trabajo.

Como una buena pandilla, nosotros protegemos a la gente que vive y hace negocios dentro de nuestro territorio. Todas las tiendas y los negocios dentro del territorio Salvatrucha pagan una cantidad de dinero cada mes a cambio de nuestra protección. Todos pagan, desde los negocios grandes hasta los más pequeños. Todos pagan.

Mi trabajo era recolectar el dinero. Normalmente todos pagaban a tiempo, pero a veces había personas que por alguna razón, no querían pagar. En estas situaciones yo necesitaba recordarles la importancia de la protección que nosotros les brindábamos. Con un poquito de persuasión de nuestra parte, normalmente ellos nos pagaban.

Me acuerdo de una situación en particular cuando una señora viejita no quería pagar. Ella tenía un puesto de frutas en la calle. Cuando yo fui a recoger su pago de la mensualidad, ella insistió que no tenía la plata y no quería pagarnos. Yo insistí en que ella sí tenía el dinero y que nos iba a pagar.

Poco después, nos pusimos a discutir en la calle. La discusión se puso un poco fuerte y casi violenta. De repente, todo cambió cuando llegó una muchacha de mi escuela, muy linda, que yo reconocí. Ella le preguntó a la señora:

– ¿Qué está pasando aquí abuelita?

– ¡Estoy cansada de pagar a estos animales por la protección que no nos dan! Ellos no son los dueños de esta calle para que nos hagan pagarles por la protección. ¡Estoy harta de ellos y su violencia! Casi no tengo dinero para comprar la comida y ellos me exigen impuestos. No es justo.

– Está bien abuela, tranquila. No quieres tener más problemas con tu corazón, tranquilízate –le dijo la muchacha a la señora y a mí me dijo– ¿Por qué le haces esto a las viejitas? ¿No tienes abuelas? ¿Cómo puede una persona tratar tan cruelmente a una señora mayor de edad? Ustedes Salvatruchas me dan lástima. No saben lo que es querer a una persona.

Por primera vez en muchos años, yo me sentí mal por una persona. Vi la cara de aquella señora y me sentí mal por ella. Yo no me acuerdo de mis abuelas. Yo nunca las conocí. Ellas podrían haber sido como esta señora, solamente tratando de ganar un poco de dinero para sobrevivir. En ese momento yo no sabía qué hacer. Yo nada más dije:

– Está bien señora. Este mes se lo doy gratis, pero, regreso el próximo mes por la mensualidad, y usted va a pagar.

– Gracias –me dijo la muchacha.

– ¿Cómo te llamas? –le pregunté a la chica.

– Analía.

– Bueno –le dije a ella, y después yo me fui.

Caminé por la calle pensando en la señora. No pude sacarme su cara de la cabeza. Yo nunca regresé a recolectar el dinero de ella. Todos los meses yo simplemente pasaba directo a los otros negocios.

CAPÍTULO VII

Mi novia

El día que yo conocí a Analía en la calle, yo no sabía que con el tiempo ella sería mi novia. Ella honestamente capturó mi atención cuando defendió a su abuela. Casi nadie se opone a nosotros. A mí me pareció que era una persona fuerte y valiente.

Después del episodio con su abuela, yo pasaba todos los días por su puesto de frutas. Yo no iba para recolectar dinero, yo iba porque esperaba ver a Analía. Yo siempre compraba un poco de fruta, pero eso solo era una excusa para hablar con Analía.

Finalmente, yo me arriesgué y le pregunté a Analía si quería salir conmigo. Aunque la abuela no estaba de acuerdo, Analía aceptó mi invitación. Así es como empezamos a pasar tiempo juntos.

A veces era un poco difícil estar juntos porque teníamos que salir a escondidas. Nadie estaba de acuerdo con nuestra relación, ni la familia de ella ni la mía, los Salvatruchas. Nosotros sabíamos que éramos de dos mundos completamente diferentes, pero no nos importaba. Siempre la pasábamos muy bien juntos.

La verdad es que a mí me gustaba pasar tiempo con Analía porque ella era muy diferente a mis amigos Salvatruchas. Ella era una persona pura. Analía nunca tuvo una mala intención con nadie. Con ella yo nunca sentí nada de presión como yo la sentía con mis amigos de la pandilla. Analía nunca quería que yo hiciera nada más que ser yo mismo.

Conforme[1] pasaban los meses, ella y yo estábamos más y más tiempo juntos. Entonces yo evitaba

[1]conforme - as (months passed by)

21

a los muchachos de la pandilla y mis responsabilidades de recolectar el dinero de los negociantes.
Todo el tiempo yo solamente pensaba en Analía y en
que quería estar con ella.

Yo recuerdo un día en particular, cuando cambiaron las cosas entre Analía y yo. Habíamos ido a
la playa para pasar el día fuera de la ciudad. Yo no
sé por qué, pero empezamos a hablar de mi familia.
Realmente yo no había compartido mucho con ella
sobre mi familia hasta ese momento.

Durante la conversación, hablamos de mis padres. Le conté a ella lo que les pasó por las pandillas.
Por primera vez, yo le hablé de mi iniciación con los
Salvatruchas. Yo traté de explicarle cómo y por qué
me hice un pandillero.

Mientras yo le hablaba de mi vida, Analía se
puso a llorar. Yo hablaba y ella lloraba descontroladamente. Yo continuaba hablando porque si esta relación iba a funcionar, ella necesitaba saber los
detalles de mi vida. Yo no sé por qué pero para mí
esta conversación fue muy importante y purificadora. Durante esta conversación me di cuenta de

que ya no me gustaba mi vida de pandillero. Me di cuenta que realmente yo quería algo mejor para mí mismo.

En un punto de la conversación Analía me interrumpió. Me dijo que tenía miedo al pensar en el destino de mis padres. Ella me dijo que no quería perderme por la violencia de la vida pandillera. Todavía llorando histéricamente, Analía me dijo:

> – ¿Por qué no dejas la pandilla? La vida pandillera es demasiado violenta. Tú no eres así. Yo veo mucho más en ti. Por favor, deja la pandilla. Deja la pandilla por mí y por ti mismo. Tú tienes mucho más que ofrecer a este mundo. Eres muy inteligente. Yo sé que tienes un gran corazón.

Para Analía, todo era tan simple. «Deja la pandilla», me dijo, como si fuera tan fácil. Analía no comprendía lo difícil que sería para mí dejar la pandilla. No comprendía que sería imposible.

CAPÍTULO VIII

La confrontación

Después de la conversación con Analía en la playa, yo no pude volver a hacer nada más para la pandilla. Yo no quería estar con mis amigos Salvatruchas y especialmente no quería lastimar a nadie más. Solamente pensaba en Analía y en como yo quería estar con ella. Yo solo pensaba en como quería dejar la pandilla por ella. Pero, ¿cómo? Yo necesitaba un buen plan para poder dejar la pandilla.

Unos días después de la conversación, yo estaba en nuestro apartamento. Era un viernes por la noche. Yo me estaba preparando para salir con Analía. Íbamos a ir al cine para ver una película. En eso, mi hermano Pedro entró y me dijo:

– ¿Qué estás haciendo? ¿Adónde vas?

Yo le dije que iba a salir con Analía. Al escuchar esto Pedro se puso muy decepcionado y hasta enojado conmigo. Con una voz muy seria me preguntó:

– ¿Tú no vas a ir a la reunión de líderes esta noche? Es muy importante que tú vayas. Vamos a hablar sobre asuntos de negocios de la pandilla y las responsabilidades de los nuevos miembros.

Yo le dije que no me importaba la reunión. Solo me importaba Analía. En eso, Pedro me empujó contra la pared violentamente y empezó a gritarme:

– ¡¿Eres idiota, hermano?! ¿No ves lo que está pasando? No has hecho nada con nosotros en varios meses. ¿Tú crees que está bien eso? Todos están hablando de ti y cómo estás negando tus responsabilidades. Es obvio que para ti Analía es más importante que la pandilla. Además de eso, yo me veo mal con los otros líderes porque tú eres mi hermano y no eres fiel a la pandilla. Tú tienes que decidir entre Analía y nosotros Salvatruchas, hermano. Piénsalo bien. Tú sabes muy bien las consecuencias de la decisión.

Yo le dije a mi hermano que no me amenazara, que yo era un verdadero hombre y sabía cómo manejar mi vida. Le dije que me gustaba pasar tiempo con Analía porque ella me trataba con respeto. Ella no me presionaba a hacer nada más que ser yo mismo. Después de decir esto, yo empujé a Pedro a un lado y salí del cuarto tirándole la puerta en la cara.

CAPÍTULO IX

La decisión

Más tarde esa misma noche yo regresé al apartamento después de dejar a Analía en su casa. Entré muy cuidadosamente para no despertar a nadie. Cuando entré, todo estaba muy oscuro. De repente me asusté cuando Pedro encendió la luz. Me dijo muy serio:

– ¿Cómo te fue en tu cita con Analía? ¿La pasaste bien con ella?

Yo noté que mi hermano estaba muy molesto conmigo. Continuó hablándome en un tono de frustración y también de preocupación:

– Hermano, todos los líderes hablamos de ti en la reunión. Decidimos que es hora de tomar acción. Tú has negado tus responsabilidades por demasiado tiempo. Es tiempo de que haya un cambio, o habrá consecuencias. Tú sabes muy bien que las consecuencias son graves. Decidimos que tú tienes que probar tu lealtad a la pandilla. Para probarla, mañana necesitas recolectar el dinero de la abuela de Analía. Ya no hay favores ni para ella ni para nadie más. Además, de ahora en adelante tienes prohibido ver a Analía. Ella no es una buena influencia en tu vida. Así está la situación, hermano. Ahora tú decides. Tu futuro está en tus manos.

Cuando Pedro terminó esta frase, apagó la luz y se fue a su cuarto. Mi hermano no me dio la oportunidad de discutir nada con él. La verdad era que realmente no había nada que decirle. Pedro tenía razón. Yo había negado mis responsabilidades por mucho tiempo. Yo me quedé allí en la entrada del apartamento pensando en la decisión que tenía que tomar. Me quedé allí pensando en la oscuridad, solo.

CAPÍTULO X

Lo inesperado

Nadie esperaba lo que pasó a la mañana siguiente. Otra vez mi vida cambió para siempre.

Yo pasé casi toda la noche despierto pensando en la decisión que tenía que tomar. Finalmente, me fui a mi cama para tratar de dormir. En la mañana, Pedro salió temprano para recolectar dinero de los negociantes del vecindario. Era un día como todos los otros días, nada fuera de lo normal. Eran las diez y yo estaba dormido cuando Gustavo me despertó con la noticia:

> – Despierta hijo. Tú y yo necesitamos hablar. Estoy preocupado por ti y tu situación. Para mí, la solución es fácil. Los Salvatruchas han sido una familia para ti. Tú no puedes dejar a tu familia. Especialmente ahora.

> – ¿Especialmente ahora? –le pregunté– ¿Por qué me dices esto?

> – Hijo, algo horrible ha pasado. Hoy en la mañana mataron a Pedro. Unos miembros de la Calle 18 llegaron a nuestro territorio en un carro. Le dispararon a Pedro en la calle y se fueron rápidamente. Todo pasó tan rápido que ni tuve tiempo de sacar mi pistola para dispararles a ellos. Yo estaba allí y observé todo. Yo vi al tipo que mató a Pedro. Yo vi al tipo desgraciado y también yo sé donde vive.

Cuando Gustavo me dijo lo que le había pasado a Pedro, me puse a llorar. Me quedé allí llorando descontroladamente. Muchas cosas pasaron por mi cabeza, muchas memorias de él. También pensé en memorias de mis padres. En ese momento, me sentí muy solo. Yo no sé, de repente yo experimenté un sentimiento de odio extremo. Este sentimiento de odio era tan profundo que no me importaba nada. Nada en mi vida era justo.

– Tengo el plan preparado –me dijo Gustavo– Más tarde los muchachos van a venir aquí para reunirnos. Vamos a ir a buscar al tipo. Allí, tú lo vas a matar. Es el plan perfecto. Así te vas a vengar de la matanza de tu hermano. Al mismo tiempo tú les probarás a los muchachos que todavía eres un verdadero Salvatrucha.

Yo sabía lo que tenía que hacer. No había opciones. Decidí vengarme de la muerte de mi hermano. Era necesario. Es lo que se hace si tú eres un verdadero Salvatrucha.

En ese momento, me puse a pensar en Analía. Yo sabía que ella no estaría de acuerdo con lo que yo iba a hacer. Quería hablar con ella. Quería explicarle la situación y pedirle perdón. Quería decirle «adiós» en caso de que algo me pasara esa tarde.

Yo la llamé por teléfono y le expliqué todo. Analía se puso agitada y empezó a llorar. Ella me suplicó que no fuera para vengarme. Me dijo que quería que yo corriera y escapara de la violencia de la pandilla. Me dijo que tenía familia fuera de Los Ángeles y que yo podía ir en secreto a vivir con ellos. Así yo podía escapar de la pandilla de una vez por todas.

Por mi sentimiento de odio, yo le dije que no. Le dije que yo iba a vengarme por la matanza de Pedro, y nada iba a cambiar mi opinión. Analía no pudo hablar. Ella simplemente lloró. Yo le dije que la quería mucho y colgué el teléfono.

CAPÍTULO XI

La venganza

En la tarde, los muchachos llegaron a nuestro apartamento y nos preparamos. Metimos balas en nuestras pistolas y hablamos del plan, de lo que íbamos a hacer. Nos montamos en la camioneta de Gustavo y fuimos al vecindario del tipo que mató a Pedro. Tuvimos mucho cuidado porque estábamos entrando en el territorio de la Calle 18.

Al llegar al vecindario, vimos al tipo con otros dos pandilleros hablando frente a una tienda. Estacionamos la camioneta al otro lado de la calle y todos nos bajamos. Actuamos como si fuéramos a entrar a la tienda para comprar algo.

De repente, yo escuché a alguien gritando mi nombre. Yo reconocí la voz, era Analía. Asustado, yo le grité:

– ¿Qué estás haciendo Analía? ¿Por qué estás aquí?

– Yo sabía que tú ibas a hacer algo terrible. Yo esperé enfrente de tu apartamento y los seguí a ustedes hasta aquí.

– ¡Vete a casa Analía! Tú no debes estar aquí.

En eso, yo saqué mi pistola y le apunté al tipo que estaba enfrente de la tienda. Analía corrió e intentó agarrarme del brazo, pero fue demasiado tarde. Yo apreté el gatillo y le disparé al tipo desgraciado que había matado a Pedro. Inmediatamente el muchacho se cayó al pavimento.

Los amigos del tipo sacaron sus pistolas y empezaron a dispararnos. Por supuesto devolvimos los disparos y luego intentamos escapar. Todos corrimos hacia la puerta de la camioneta. Analía se quedó en la calle paralizada del miedo. Yo le grité:

– ¡Analía, súbete a la camioneta! ¡Vámonos!

Analía no se movió. Yo corrí hacia ella y la agarré para meterla en la camioneta. Yo la alcé y la puse sobre mi hombro. Corrí a la camioneta llevándola conmigo. Gustavo estaba montado en el asiento del conductor y los muchachos estaban adentro esperándonos. Mis amigos Salvatruchas todavía les estaban disparando a los tipos de la 18 desde la puerta de la camioneta.

Yo di dos pasos y de repente, yo supe que algo horrible había pasado. El cuerpo de Analía se puso flojo en mis brazos. Yo me miré las manos. Mis manos estaban completamente llenas de sangre. En ese instante yo supe que ellos le habían disparado a Analía.

Yo los miré a ellos para dispararles otra vez. No tuve tiempo para disparar porque los dos se fueron corriendo porque se escuchó el sonido de las sirenas de la policía. Mis amigos me gritaron:

– ¡Súbete a la camioneta hermano! ¡Ahí viene la policía! ¡Deja a la muchacha, ella

ya está muerta y no hay nada que hacer!
¡Vámonos antes de que nos atrape la policía!

Yo me quedé allí en la calle mirando a Analía.
Ella tenía un montón de sangre en toda la espalda
por donde le habían disparado. Yo le hablé, pero ella
no me respondió. Yo le repetí que por favor me perdonara, que me perdonara por favor. Yo no pude
creer lo que veía. Yo tenía a Analía en mis brazos,
pero sin vida.

– ¡Ya vámonos, loco! –me gritó Gustavo–
¡Está muerta, déjala! ¡Ya viene la policía!

– ¡Váyanse ustedes! No me importa. Yo me
quedo aquí con Analía. ¡Váyanse y déjenme aquí!

Gustavo apretó el acelerador y ellos se fueron.
Me dejaron a mí solo en la calle. Yo estaba llorando
en el pavimento con Analía muerta en mis brazos.

Hasta el día de hoy yo no puedo sacarme de la
memoria la imagen de su cara. Sus ojos ya no brillaban como antes. Analía tenía una línea de sangre
que salía del lado de su boca. Esta imagen continúa
persiguiéndome todos los días de mi vida.

CAPÍTULO XII

La corte

SENTENCIA

Cuando mis amigos se fueron, muy pronto llegó la policía. Llegaron un montón de carros y todos los policías tenían sus pistolas en la mano. Cuando se bajaron de los carros me vieron a mí sentado en el pavimento con Analía muerta en mis brazos. Vieron al muchacho de la Calle 18 que yo había matado al otro lado de la calle. Yo no presté atención a los policías, solamente le repetía a Analía:

– Perdóname. Todo es mi culpa. Te amo Analía. Perdóname, por favor.

La verdad es que yo no recuerdo mucho más de
lo que pasó aquella tarde. Me acuerdo que yo estaba
llorando descontroladamente en la calle. También
ellos recogieron mi pistola del pavimento y me pusieron esposas en las muñecas. Luego me llevaron a
la estación de policía para interrogarme. Poco después, me acusaron del cargo de asesinato del tipo
de la Calle 18. Me metieron a la cárcel mientras yo
esperaba el día de mi juicio en la corte.

Cuando el día llegó, me llevaron a la corte y me
pararon frente a un juez. El juez me acusó del cargo
de 'Asesinato en primer grado'. Me explicó que esto
implicaba que si me declaraban culpable del cargo,
la sentencia sería pasar el resto de mi vida en la cárcel sin la posibilidad de salir libre.

Entonces empezaron las deliberaciones. La corte
me había asignado una abogada porque yo no tenía
dinero suficiente para contratar[1] a uno. Esto realmente no me importaba porque cuando el juez me

[1]contratar - to contract, to hire

39

acusó del cargo de asesinato, yo me levanté y me declaré culpable del crimen. Todos los presentes en la corte se sorprendieron con mi declaración. Lo que yo había hecho estaba fuera de lo normal. Lo que hice fue totalmente inesperado.

El juez intentó explicarme el proceso de cómo funcionaba el juicio. Me dijo que primero hablaban los abogados y que ellos llamaban a los testigos y presentaban la evidencia en mi contra. A mí, no me importaba nada de eso. Muy dentro de mí yo sentía la necesidad de pagar por lo que le había pasado a Analía. Yo necesitaba pagar por todas las personas que yo había lastimado en mi vida.

Por primera vez en mi vida, yo deseaba admitir que yo me sentía culpable por mis acciones. Yo estaba cansado de cubrir este sentimiento de culpa que yo siempre llevaba. Yo nunca voy a olvidar ese momento en la corte cuando admití que yo era culpable de muchos crímenes y de lastimar a muchas personas. En ese momento, finalmente empecé a sentir la libertad.

CAPÍTULO XIII

La cárcel

Para terminar la historia de la corte... el jurado no tardó mucho tiempo deliberando. Las doce personas decidieron mi destino y me declararon culpable de la muerte del tipo de la Calle 18. El juez me dio la sentencia de pasar el resto de mi vida en la cárcel y aquí estoy pagando por mis crímenes en esta celda[1] de máxima seguridad.

[1]*celda - cell*

Ya hace cinco años que estoy aquí. Durante estos años yo he tenido mucho tiempo para pensar y reflexionar sobre mi vida. Ahora yo veo todo con mucha claridad.

Cuando yo me hice miembro de la pandilla fue como si los líderes me hubieran puesto una cortina frente a los ojos. Yo no pensaba que mi vida fuera tan horrible y tan llena de odio, culpa y soledad. No veía que poco a poco yo estaba perdiendo todo lo bueno que ofrece esta vida. Yo solamente vivía para satisfacer los deseos de los líderes por más poder y dinero. La dolorosa verdad es que ellos me usaban.

La vida pandillera no es nada gloriosa. ¡Créeme! Yo soy un ejemplo viviente. En mi experiencia, yo he observado que ser miembro de una pandilla te lleva a uno de tres posibles destinos: el hospital, la cárcel o en el caso de muchos de mis amigos... la muerte.

¿Qué les diría yo a los muchachos de hoy? Les diría que la vida pandillera es una mentira. En la superficie, la pandilla tiene la apariencia de ser una familia muy unida, pero no es así. ¿Dónde está mi 'familia' ahora? Ni siquiera me ha visitado una sola vez. Eso no es 'familia'.

Muchos muchachos piensan que la vida pandillera ofrece mucho dinero. Eso es mentira también. En realidad son solamente los líderes poderosos los que tienen dinero. Ellos son los que ganan el dinero y los miembros insignificantes toman los riesgos en las calles. Son ellos quienes pagan con tiempo en la cárcel o peor… en la morgue.

Si yo tuviera la oportunidad de vivir mi vida otra vez, yo estudiaría mucho. Yo sacaría un buen título en la universidad y trabajaría muy duro. Yo tendría una familia y pasaría mucho tiempo con ellos. Yo disfrutaría de todas las cosas buenas que puede ofrecer la vida.

CAPÍTULO XIV

Mis amigos

¿Mis amigos de la pandilla? Yo no sé casi nada de ellos. He escuchado rumores de las vidas y muertes de unos de ellos, pero yo no sé nada en concreto. Cuando nuevos prisioneros entran a la cárcel, siempre hablan de cosas en el exterior. Normalmente dicen cosas para causar problemas adentro de la cárcel. Quieren causar problemas entre los miembros de las diferentes pandillas. A veces lo que dicen es verdad y a veces no.

Lo que yo sé con seguridad, es que cuando mis amigos me dejaron allí en la calle con Analía, me abandonaron para siempre. Es cierto que yo les dije que se fueran, pero ellos en realidad me abandonaron. Ese día fue la última vez que los vi. Nunca me han visitado aquí, nunca. Ni Gustavo, mi supuesto 'padre,' me ha visitado aquí en la cárcel.

A mis amigos de la pandilla, yo no les echo la culpa por haberme dejado en la calle con Analía. Se escuchaban las sirenas y ellos tenían mucho miedo de la policía. Así es la vida de un pandillero, uno siempre tiene miedo de todo.

Los pandilleros siempre se sienten paranoicos por todos sus crímenes. Nadie sabe quién tiene una pistola para vengarse o quién es un policía secreto. Es por eso que ellos siempre llevan sus pistolas muy cerca y andan en grupos cuando salen a la calle. Ellos nunca pueden estar solos. En el exterior, ellos parecen ser fuertes, pero en el interior, ellos actualmente tienen mucho miedo. Los pandilleros son débiles pero no quieren admitirlo.

CAPÍTULO XV

Los rumores

En la cárcel se escuchan muchos rumores. Un día un pandillero de la Calle 18 me habló en la cafetería acerca de Gustavo. Fue durante mi primer mes aquí. Ese tipo desgraciado me dijo que el rumor en la calle era que había sido el mismo Gustavo quien le había disparado a Analía. Ese tipo me decía que Gustavo la había matado para que yo volviera a los Salvatruchas. Después de decirme eso, él se rio de mí y se fue.

Yo no sé si es verdad o solamente una mentira para lastimarme. Yo pienso mucho en esto y me pregunto: «¿Es por eso que él nunca ha venido a visitarme? ¿Es por eso que él no puede mirarme cara a cara?». Yo tengo que admitir que estas preguntas todavía me atormentan por la noche.

Otro rumor que yo escuché en mis primeros meses aquí es que Pedro no está muerto. Un día en el gimnasio, otro tipo desgraciado de la Calle 18 me dijo que él había visto a mi hermano Pedro bailando con una chica en un club. El tipo estaba allí para vigilar a Pedro porque los de la Calle 18 iban a matarlo. Ellos querían vengarse de la matanza de su miembro, el muchacho que yo maté. El tipo no terminó la historia de Pedro. Nunca me dijo si lo mataron o no.

El muchacho cambió la dirección de la conversación. Me habló de sus ideas de lo que pasó con Pedro. Me dijo que probablemente los líderes Salvatrucha inventaron el cuento de la muerte de Pedro para hacerme volver a la pandilla. Lo que ellos no planearon fue que los policías me iban a arrestar por el asesinato. No planearon que Analía iba a arruinar el plan.

Cuando yo me pongo a pensar en esto, yo no sé qué creer. Realmente, todo pasó muy rápidamente aquel día. Me dijeron que Pedro estaba muerto y unas pocas horas después, yo maté al tipo que ellos me dijeron había sido su asesino. La verdad es que yo nunca vi el cadáver de Pedro. Es posible que todavía esté vivo. Este pensamiento todavía me duele demasiado y me tortura en la noche también.

CAPÍTULO XVI
El perdón

¿Remordimiento? ¿Tengo remordimiento? Claro que sí. Todos los días pienso en las personas que he lastimado en mi vida. Todos los días yo me pregunto cómo hubiera sido mi vida sin los Salvatruchas. ¿Qué habría pasado si yo hubiera escuchado a Analía y me hubiera ido a vivir fuera de Los Ángeles con sus familiares? ¿Dónde estaría yo ahora? De seguro no estaría aquí, en esta cárcel.

Por ser parte de la pandilla, yo he perdido a todas las personas que me han querido en esta vida. Perdí a mi mamá cuando era un niño. Perdí a mi padre muy pronto después. Perdí a mi hermano Pedro cuando éramos muchachos. Lamentablemente yo también perdí a mi novia, Analía... y ella murió por mi culpa. Analía era la única persona que veía todo lo bueno que había dentro de mí y yo la maté por intentar vengarme de la muerte de Pedro. Su muerte es mi culpa.

Yo me siento extremadamente culpable por lo que le pasó a Analía. Después de tantos años, no puedo borrar de mi memoria su cara sin vida cuando estaba en mis brazos aquel día. Sus ojos me miraban muy fríos, sin expresión. Todavía lloro todos los días pensando en Analía. Ella todavía estaría viva si nunca me hubiera conocido. Me imagino que su abuela también llora por ella todavía.

Desde el principio de mi tiempo en la cárcel, cada semana yo le he escrito una carta a la abuela de Analía. Todas las semanas yo le escribo sobre cómo mi vida está cambiando y le suplico que me perdone por lo que le hice a Analía.

Durante estos cinco años ella nunca me había respondido, pero yo continuaba escribiéndole todas las semanas. Conforme pasaban los años, esperaba una respuesta. La semana pasada, finalmente recibí una carta de ella. Me dijo que después de todo este tiempo, ella me ha perdonado. Me dijo que ya no quiere cargar con un sentimiento de odio hacia mí, que tiene todas mis cartas guardadas y que las lee mucho. Me dijo que ella cree que yo realmente hice un cambio en mi vida y que yo realmente amaba a Analía.

Al leer la carta, lloré descontroladamente. Me sentí aliviado de un peso enorme que yo siempre había llevado adentro. Sentí una alegría inexplicable, la única alegría que he sentido desde el día en que La MS-13 mató a mi Analía.

Vivir en esta celda es difícil, pero vivir aquí sin el perdón es tortura. Yo sé que voy a pasar el resto de mi vida en esta celda, pero finalmente, me siento libre.

Glosario

A

a - to; at

abandonado - abandoned

abandonaron - they abandoned

abogada - lawyer

abogados - lawyers

abriendo - opening

abrió - s/he opened

abuela(s) - grandmother(s)

abuelita - grandma

acá - here

acción - action

acciones - actions

acelerador - accelerator

acepté - I accepted

aceptó - s/he accepted

(se) acerca - s/he approaches

activos - active

acto(s) - act(s)

actualmente - currently, at the present time

actuamos - we acted

(me) acuerdo - I remember

acusaron - they accused

acusó - s/he accused

adelante - forward

además - besides

adentro - inside

adiós - goodbye

admití - I admitted

admitir - to admit

admitirlo - to admit it

adónde - (to) where

agarrarme - to grab me

agarraron - they grabbed

agarré - I grabbed

agarró - s/he grabbed

agitada - agitated

agitado - agitated

ahí - there

ahora - now

al - to the; at the

alcé - I lifted

alegría - joy

algo - something

alguien - someone

alguna - some

aliviado - relieved

allá - over there

allí - there

amaba - I loved

ambiente - environment

amenaza - threat

amenazara - threaten

americanos - Americans

amigable - friendly

amigo(s) - friend(s)

(te) amo - I love (you)

amor - love

ampliar - increase, expand

andan - they walk around, go around

animales - animals

años - years

antes - before

antiguos - old; former

apagó - he turned off

aparentemente - apparently

apariencia - appearance

apartamento - apartment

aprendido - learned

apreté (el gatillo) - I pulled (the trigger)

apretó - he pulled

aprovecharon - they took advantage of

aproximadamente - approximately

apunté - I pointed

aquel - that

aquella - that

aquí - here

armas - weapons

arrestar - to arrest

arrestaron - they arrested

arriesgué - I risked

arruinar - to ruin

asesinato - murder

asesino - murderer

así - so; in that way; like that

asiento - seat

asignado - assigned

asuntos - matters

(me) asusté - I got startled

asustado - scared

atención - attention

atormentan - they torment

atormentar - to torment

atrape - trap, catch

aún - even

aunque - although

autobús - bus

autobuses - buses

avanzar - to advance

ayudó - s/he helped

B

bailando - dancing

(nos) bajamos - we got out

(se) bajaron - they got out

balas - bullets

beneficiaban - they benefitted

beneficio - benefit

bien - well, ok

bienestar - wellbeing

bienvenida - welcome

boca - mouth

borrar - to erase

brazo(s) - arm

brillaban - they were shining

brindábamos - we provided

brutales - brutal

brutalidad - brutality

buen - good

buena - good

buenas - good

bueno - good

busca - s/he looks for

buscar - to look for

buscarlo - to look for it/him

buscaron - they looked for

C

cabeza - head

cada - each, every

cadáver - corpse, dead body

cafetería - cafeteria

caja - box

calle(s) - street(s)

cama - bed

cambiando - changing

cambiar - to change

cambiaron - they changed

cambio - change

cambió - s/he changed

caminado - walked

caminando - walking

caminé - I walked

camioneta - truck

cansada - tired

cansado - tired

cantidad - quantity, amount

capturó - s/he captured

cara(s) - face(s)

cárcel - jail

cargar - to carry

cargo - (criminal) charge

carro(s) - car(s)

carta(s) - letter(s)

casa(s) - house(s)

casi - almost

caso - case

castigado - punished

castigo(s) - punishment(s)

causa - cause

causar - to cause

(se) cayó - s/he fell (down)

celda - cell

cena - dinner

Centroamérica - Central America

centroamericanos - Central Americans

cerca - close

ceremonia - ceremony

chica - girl

cierto(s) - certain

cinco - five

cine - movie theater

cintura - waistband

circunstancias - circumstances

cita - date

ciudad - city

(guerra) civil - civil war

claridad - clarity

claro (que sí) - of course

clique(s) - a sub-group of a gang

club - club

colgué - I hung up (the phone)

cometer - to commit

cometían - they committed

cometido - committed

comida - food

como - like, as

cómo - how

compañero - mate, fellow member

compartían - they shared

compartido - shared

compartimento - compartment

completamente - completely

compraba - I bought

comprar - to buy

comprendía - s/he understood

común - common

comunes - common

comunicándose - communicating

con - with

concreto - concrete

conductor - driver

conexiones - connections

confianza - trust

conforme - as

confundida - confused

confundido - confused

conmigo - with me

conocí - I met

conocido - met

consecuencias - consequences

consideraba - it considered

considerable - considerable

consideradas - considered

conté - I told

contigo - with you

continúa - it continues

continuaba - s/he, I continued

continuó - s/he continued

contra - against

contrario - contrary

contratar - to hire

contratos - contracts

controlaban - they controlled

controlar - to control

conversación - conversation

(se) convirtió - it turned into

corazón - heart

correcto - correct

corrí - I ran

corriendo - running

corriera - run

corrimos - we ran

corrió - s/he ran

corte - court

cortina - curtain

cosas - things

coyote - smuggler

crear - to create

crecieron - they grew

crecimos - we grew

cree - s/he believes

créeme - believe me

creer - to believe

crees - you believe

creo - I believe

criar - to raise (children; a family)

crimen - crime

crímenes - crimes

criminal(es) - criminal(s)

cruelmente - cruelly

cual - which

cuando - when

cuándo - when

cuantas - some, several

cuarto - room

cubrí - I covered

cubrir - to cover

(me di) cuenta - I realized

cuento - story

cuerpo - body

cuidado - care, careful

cuidadosamente - carefully

cuidar - to care for

culpa - fault, blame

culpable - guilty

cumplan - they complete, carry out, fulfill

cumplen - they complete, carry out, fulfill

cumplí - I completed

cumpliendo - completing

cumplir - to complete

cumpliste - you completed

D

dan - they give

datos - information

de - of, from

debajo - under

debes - you should; you must

débiles - weak

década - decade

decepcionado - disappointed

decía - s/he, I said

decides - you decide

decidí - I decided

decidieron - they decided

decidimos - we decided

decidir - to decide

decir - to say

decirle - to say to him/her

decirme - to say to me

decirnos - to say to us

decisión - decision

decisiones - decisions

declaraban - they declared

declaración - declaration

declararon - they declared

declaré - I declared

defendió - s/he defended

defensivas - defensive

deja - leave

dejado - left

déjala - leave her

dejar - to leave

dejaron - they left

dejas - you leave

déjenme - leave me alone

del - of the, from the

deliberaciones - deliberations (decision making)

deliberando - deliberating (making decisions)

demasiado - too much

dentro - inside

deportar - to deport

deportaron - they deported

derecho - right

desafortunadamente - unfortunately

descontroladamente - uncontrollably

desde - from; since

deseaba - I wanted, desired

deseos - wishes, desires

desgraciado - jerk; miserable person

despertar - to wake up

(se) despertó - s/he woke up

(se) despierta - s/he wakes up

(me) despierto - I wake up

después - after

destino - destiny, fate

destinos - destinies, fates

detalles - details

devolvimos - we returned

di - I gave

(me) di cuenta - I realized

día(s) - day(s)

dice - s/he says

dicen - they say

dices - you say

dieciocho - eighteen

dieron - they gave

diez - ten

diferente(s) - different

difícil - difficult

dije - I said

dijeron - they said

dijo - s/he said

dinero - money

dio - s/he gave

dirección - direction

directo - direct

diría - I would say

discusión - argument; disagreement

discutir - to argue

disfrutaría - I would enjoy

dispara - shoot

disparado - shot

disparando - shooting

disparar - to shoot

dispararles - to shoot them

dispararnos - to shoot us

dispararon - they shot

disparé - I shot

dispares - you shoot

disparó - s/he shot

disparos - shots

distintas - distinct

doce - twelve

dolorosa - painful

donde - where

dónde - where

dormido - slept

dormir - to sleep

dos - two

doy - I give

drogas - drugs

(me) duele - it hurts (me)

dueños - owners

dura - it lasts

durante - during

duro - difficult

duró - it lasted

E

e - and

eco - echo

económica - economical

edad - age

ejemplo - example

el - the

él - he

elemento - element

eliminar - to eliminate

ella - she

ellas - they

ellos - they

emigrar - to emigrate

emoción - excitement

empecé - I began

empezamos - we began

empezaron - they began

empezó - s/he began

empujaba - he pushed

empujé - I pushed

empujó - s/he pushed

en - in; on

encendió - turned on

encontrado - found

encontramos - we found

encontraron - they found

encuentran - they find

enemigas - enemies

enemigo - enemy

enemigo(s) - enemies

enfoque - focus

(se) enfrentaron - they faced

enfrente - in front

enlaces - connections

enojado - angry

enojo - anger

enorme - enormous

(no) entendía - he didn't understand

entonces - then

entrada - entrance

entran - they enter

entrando - entering

entrar - to enter

entraron - they entered

entre - between

entré - I entered

entró - s/he entered

episodio - episode

era - s/he, it, I was

éramos - we were

eran - they were

eres - you are

es - s/he, it is

esa - that

escapar - to escape

escapara - I escape

escaparon - they escaped

escapó - s/he escaped

escondidas - hidden

escribiéndole - writing to him/her

escribo - I write

escrito - written

escuchaban - they listened

escuchado - heard

escuchan - they listen

escuchar - to listen

escuché - I listened

escuchó - s/he listened

escuela - school

ese - that

eso - that

esos - those

espalda - back

especialmente - especially

específica - specific

esperaba - s/he, I hoped; expected; waited

esperaban - they were waiting

esperándonos - waiting for us

esperanza - hope

esperé - I will wait

esposa - wife

esposas - wives; handcuffs

esta - this

está - s/he, it is

estaba - s/he, it was

estábamos - we were

estaban - they were

estabilidad - stability

establecieron - they established

establecimiento - establishment

estación - station

estacionamos - we parked

estado - state

Estados Unidos - United States

están - they are

estar - to be

estaría - s/he, it, I would be

estas - these

estás - you are

este - this

esté - he is

estimado - estimated

esto - this

estómago - stomach

estos - these

estoy - I am

estudiaría - I would study

(que) estuviera - (that) it was; (that) he were

evento - event

eventualmente - eventually

evidencia - evidence

evidente(s) - evident, obvious

evitaba - I avoided

evitar - to avoid

exactamente - exactly

excusa - excuse

exigen - they demand

existe - s/he, it, I exist

existía - s/he, it, I existed

éxito - success

expandiéndose - expanding

expandió - it expanded

expandir - to expand

experiencia - experience

experimentaron - they experienced

experimenté - I experienced

explicarle - to explain to him/her

explicarme - to explain to me

explicó - s/he explained

expliqué - I explained

expresa - he expresses

expresión - expression

extendida - extended

exterior - exterior

extraño - strange

extremadamente - extremely

extremo - extreme

F

fácil - easy

familia - family

familia(s) - families

familiares - familiar; family member

favor(es) - favor(s)

(por) favor - please

felicitaron - they congratulated

feliz - happy

fiel(es) - faithful, loyal

finalmente - finally

financieras - financial

física - physical

flojo - limp

FMLN - The Farabundo Martí National Liberation Front (one of the two major political parties in El Salvador)

formal - formal

forman - they form

formar - to form

formaron - they formed

frase - phrase; sentence

frente - front, in front

frío(s) - cold

frontera - border

frustración - frustration

fruta(s) - fruit(s)

fue - it was; s/he went

fuera - outside; it were

(como si) fuéramos - (as

though) we were going to

(que se) fueran - they were going to; (that) they go away

fueron - they went; they were

fuerte(s) - strong; loud; forceful

fui - I went

fuimos - we went

funcionaba - it worked, it functioned

funcionar - to function; to work

fútbol - soccer

futuro - future

G

ganamos - we earn

ganan - they earn

ganancias - earnings

ganar - to earn

ganaron - they earned

gané - I earned

ganó - s/he earned

gatillo - trigger

gente - people

gimnasio - gym

gloriosa - glorious

gobierno - government

golpeándolo - hitting

golpearon - they hit

gracias - thanks

grado - grade; degree

gran - great; large

grande(s) - large

gratis - free

graves - serious

gritando - shouting

gritarme - to shout at me

gritaron - they shouted

grité - I shouted

gritó - s/he shouted

grupo(s) - group(s)

guardadas - guarded

guardado - guarded

guerra - war

gustaba - liked

H

ha - has

haber - have

haberme - have

había - there was, there were

habíamos - we had

habían - they had

hablaba - I was speaking

hablaban - they spoke

hablamos - we spoke

hablan - they speak

hablando - speaking

hablándome - speaking to me

hablar - to speak

hablé - I spoke

habló - s/he spoke

habrá - there will be

habría - would have

(se) hace - becomes; is done; does; ago

hacen - they make

hacer - to do

hacerme - to make me

haces - you do

hacia - toward

haciendo - doing

hagan - they make

han - they have

harta - fed up, sick of

has - you have

hasta - until

hay - there is, there are

(que) haya - (that) there be

hazlo - do it

he - I have

(de) hecho - in fact

(me había) hecho - (I had) become; done

hermanito - little brother

hermano - brother

hice - I did

(que) hiciera - (that) I do

hicieron - they did

hiciste - you did

hijo - son

hijos - sons; children

histéricamente - hysterically

historia - story

hombre - man

hombres - men

hombro - shoulder

honestamente - honestly

hora(s) - hour(s); time

horrible - horrible

hospital - hospital

hoy - today

hubiera - would have

hubieran - they had

hubo - there was, there were

I

iba - s/he, I was going

íbamos - we were going

iban - they were going

ibas - you were going

ideas - ideas

identificar - to identify

idiota - idiot

ido - gone

igual(es) - (the) same; just

ilegal(es) - illegal

imagen - image

imagino - I imagine

implementar - to implement

implementaron - they imple-mented

implicaba - it implied

importa - it matters

importaba - it mattered

importamos - we matter

importancia - importance

importando - mattering

importante(s) - important

imposible - impossible

impuestos - taxes

independientemente - inde-pendently

indocumentadas - undocu-mented

indocumentados - undocu-mented

inesperado - unexpected

inestable - unstable

inexplicable - inexplicable

influencia - influence

inglés - English

iniciación - initiation

injusticias - injustices

inmediatamente - immediately

inmigrantes - immigrants

inmigraron - they immigrated

inmorales - immoral

inseparables - inseperable

insignificantes - insignificant

insistí - I insisted

insistió - s/he insisted

instante - instant

instrumento - instrument

inteligente - intelligent

intención - intention

intenciones - intentions

intenta - tries

intentamos - we tried

intentar - to try

intentaron - they tried

intentó - s/he tried

intercomunicación - intercommunication

interés - interest

intereses - interests

interior - interior

internacional - international

interrogarme - to interrogate me

interrumpió - s/he interrupted

inventaron - they invented

investigadores - investigators

invitación - invitation

involucrados - involved

ir - to go

J

jamás - never

jeans - jeans

jóvenes - young; young people

juez - judge

jugaban - they were playing

jugando - playing

juicio - trial

(se) juntaban - they joined together

(se) juntaron - they joined together

juntarse - to join together

junto(s) - together

jurado - jury

justo - fair, just

L

la - the; her

lado - side

lágrima - tear

lamentablemente - unfortunately

largos - long

las - the; them

lástima - shame

lastimado - hurt; harmed

lastimar - to hurt; to harm

lastimarme - to hurt me; to harm me

lavado - washed

le - to him or her

lealtad - loyalty

lee - s/he reads

leer - to read

les - to them

(me) levanté - I stood up

libertad - liberty, freedom

libre(s) - free

líder(es) - leader(s)

limitan - they limit

linda - pretty

línea - line

líos - problems; trouble

se llama - it is called

(se) llamaba - he was named

llamaban - they called

(¿Cómo te...?) llamas - What is your name?

llamé - I called

llegar - to arrive

llegaron - they arrived

llegó - s/he arrived

llena(s) - full

lleno - full

(te) lleva - it takes (you)

llevaba - I carried

llevado - carried

llevan - they carry; wear

llevándola - carrying her

(me) llevaron - they took me

llora - s/he cries

lloraba - she was crying

llorando - crying

llorar - to cry

lloré - I cried

lloro - I cry

lloró - s/he cried

lo - it; him

loca - crazy

local(es) - local

loco - crazy

los - the; them

luego - then; later

luz - light

M

madre - mother

mal - bad

mala - bad

malo - bad

maltrato - abuse; mistreatment

mamá - mom

mami - mommy

mañana - morning; tomorrow

maneja - s/he drives

manejar - to drive

manera(s) - way(s)

mano(s) - hand(s)

mara - gang

más - more

matado - killed

matanza - killing

matar - to kill

matarlo - to kill him

mataron - they killed

maté - I killed

mató - s/he killed

máxima - maximum

mayor - older

me - to me

mejor(es) - better; best

membresía - membership

memoria - memory

memorias - memories

(por lo) menos - (for at) least

mensualidad - monthly payment

mentira - lie

mes(es) - month(s)

meterla - to put her (into)

metieron - they put (into)

metimos - we put (into)

Glosario

metió - s/he put (into)

mexicana - Mexican

mexicano(s) - Mexican(s)

México - Mexico

mi - my

mí - me

mía - my, of mine

miedo - fear

miembro(s) - members

mientras - while

militares - military

mínimo - minimum

mío - my, of mine

miraban - they were watching, looking at

mirando - watching, looking at

mirarme - to watch me, to look at me

miré - I watched, I looked at

mis - my

misión - mission

misiones - missions

misma - same

mismo - same

molesto - annoyed

momento(s) - moment(s)

montado - riding

(nos) montamos - we climbed into

montón - (a) ton, a lot

morgue - morgue

mostrado - shown

movimiento - movement

movió - s/he moved

mucha - much

muchacha - girl

muchacho - boy

muchachos - boys, kids

muchas - many

mucho - much, a lot

muchos - many

muerta - dead

muerte - death

muertes - deaths

muerto - dead

mundo(s) - world(s)

muñecas - wrists

murió - s/he died

muy - very

71

N

nací - I was born

nacido - born

nacimos - we were born

nació - s/he was born

nada - nothing

nadie - no one

necesario - necessary

necesidad - necessity

necesitaba - s/he, I needed

necesitamos - we needed

necesitan - they need

necesitas - you need

negado - refused

negando - refusing

negociantes - business people

negocio(s) - business(es)

nervioso - nervous

ni - neither, nor

niñez - childhood

niño - child, boy

nivel - level

no - no, not

noche - night

nombre(s) - name(s)

normal - normal

normalmente - normally

norteamericano(s) - North Americans

nos - us; to us

nosotros - we

notaron - they noticed

noté - I noticed

noticia - news

novia - girlfriend

nuestra(s) - our

nuestro - our

nueva - new

nueve - nine

nuevo(s) - new

nunca - never

O

o - or

obedecer - to obey

obedezcan - they obey

objetivos - objectives

observado - observed

observé - I observed

obtener - to obtain

obvio - obvious

ochenta - eighty

ocho - eight

odio - hatred

ofertas - offers

oficial - official

ofrece - s/he offers

ofrecen - they offer

ofrecer - to offer

ojos - eyes

olvidar - to forget

opciones - options

opera - s/he operates

operaban - they operated

operaciones - operations

operando - operating

operar - to operate

opinión - opinion

opone - s/he opposes

oportunidad - opportunity

oportunidades - opportunities

órdenes - orders

organización - organization

organizada - organized

organizando - organizing

organizarnos - to organize ourselves

organizó - s/he organized

orgullo - pride

orgulloso(s) - proud

origen - origin

originalmente - originally

oscuridad - darkness

oscuro - dark

otra - other; another

otras - other(s)

otro - other; another

otros - other(s)

P

padre - father

padres - parents

pagaban - they paid

pagan - they pay

pagando - paying

pagar - to pay

pagarles - to pay them

pagarnos - to pay us

pagaron - they paid

pago - payment

pagué - I paid

país - country

países - countries

palabra - word

pandilla(s) - gang(s)

pandillera - gang-related

pandillerito - little gangster

pandillero(s) - gang member(s)

papá - dad

papi - daddy

para - for; in order to

paralizada - paralyzed

paralizado - paralyzed

paranoicos - paranoid

pararon - they stopped

parece - it seems

parecen - they seem

parecía - I seemed

pareció - she seemed

pared - wall

parte(s) - part(s)

particular - particular

pasaba - I would pass

(la) pasábamos bien - we would have a good time

pasaban - they passed

pasada - last

pasado - passed; happened

pasando - happening

pasar - to pass; to spend (time); to happen

pasara - happen

pasaría - would happen

pasaron - they passed

(la) pasaste bien - you had a good time

pasé - I spent

paso - passage

pasó - happened

pasos - steps

patearon - they kicked

pavimento - pavement

paz - peace

pecho - chest

pedirle - to ask him/her for

pelean - they fight

pelearon - they fought

película - movie

pensaba - s/he, I thought

pensaban - they thought

pensamiento - thought

pensando - thinking

pensar - to think

pensarlo - to think about it

pensé - I thought

peor - worse

pequeños - small, little

perderme - lose me

perdí - I lost

perdido - lost

perdiendo - losing

perdieron - they lost

perdón - forgiveness

perdonado - forgiven

perdóname - forgive me

perdonara - s/he forgive

perdone - s/he forgive

perfecto - perfect

pero - but

persiguiéndome - chasing me

persona - person

personas - people

persuasión - persuasion

peso - weight

piénsalo - think about it

piensan - they think

pienso - I think

piernas - legs

pistola(s) - gun(s)

plan - plan

planearon - they planned

plata - money (slang)

playa - beach

pocas - few

poco - a little; few

poder - to be able to

poderoso(s) - powerful

podía - I could

podrían - they could

policía(s) - police officer(s)

ponen - they put

ponerme - to put on me

(me) pongo a pensar - I start (to think)

ponían - they would put

popular(es) - popular

poquito - a little bit

por - for; because of; by; through

por eso - therefore, for that reason

porque - because

posibilidad - possibility

posible(s) - possible

posición - position

práctica - practice

precio(s) - price(s)

preguntas - questions

pregunté - I asked

pregunto - I ask

preguntó - s/he asked

preocupación - worry

preocupado(s) - worried

preparado - prepared

preparamos - we prepare

preparando - preparing

presentaban - they presented

presentes - present

presión - pressure

presionaba - s/he pressured

presté - I lent

primer - first

primera - first

primero(s) - first

principal(es) - main

principio - beginning

prisioneros - prisoners

probablemente - probably

probar - to prove

probarás - you will prove

probarla - to prove it

probarnos - to prove ourselves

probé - I proved

problemas - problems

proceso - process

profundo - deep, profound

prohibido - prohibited

pronto - soon

propia - own

propio - own

propósito - purpose

prostitución - prostitution

protección - protection

protegemos - we protect

protegerlo - to protect it, him

protegerse - to protect oneself

provenientes - originating

próximo - next

(no) pude - I could not

(no) pudieron - they could not

(no) pudo - she could not

puedan - they can

puede - s/he can

pueden - they can

puedes - you can

puedo - I can

puerta(s) - door(s)

puesto - stand

punto(s) - point; dot(s)

pura - pure

purificadora - purifying

puse - I put

(me) puse a - I began to

pusieron - they put

(nos) pusimos a - we began to

puso - s/he put

(se) puso - he became

(se) puso a - s/he began to

Q

que - that

qué - what

quedar - to stay, remain

quedarte - to stay, remain

quedé - I stayed, remained

quedo - I stay, remain

quedó - s/he stayed, remained

querer - to love

quería - s/he, I wanted; s/he, I loved

querían - they wanted

querido - wanted

quien - who

quién - who

quienes - who

quiere - s/he wants

quieren - they want

quieres - you want

quiero - I want

R

raíces - roots

rápidamente - quickly

rápido - quick

razón - reason

(tenía) razón - (was) right

razonables - reasonable

realidad - reality

realmente - really

recibe - receive

recibí - I received

recibido - received

recibir - to receive

recoger - to pick up

recogieron - they picked up

recolectar - to collect

reconocí - I recognized

reconoció - s/he recognized

recordarles - to remind them

recuerdo - I remember

(se) refiere - it refers to

refiriéndose - referring

reflexionar - to reflect

refugiados - refugees

región - region

reglas - rules

regresar - to return

regresas - you return

regresé - I returned

regreso - returning; I return

regresó - s/he returned

relación - relationship

relacionarse - to associate with

relativamente - relatively

remordimiento - remorse

(de) repente - suddenly

repetí - I repeated

repetía - I repeated

representa - it represents

reputación - reputation

requieren - they require

requisitos - requirements

residían - they resided

respeto - respect

respondido - responded

respondió - s/he responded

responsabilidad(es) - responsabilities

respuesta - response

resto - rest

resultado - resultado

reúnen - they meet

reunión - meeting

reunirnos - to meet

revelan - they reveal

riesgos - risks

(se) rio - s/he laughed

robos - robberies, thefts

rumor(es) - rumor(s)

S

sabe - s/he knows

sabemos - we know

saben - they know

saber - to know

sabes - you know

sabía - s/he, I knew

sabíamos - we knew

sabían - they knew

sabiendo - knowing

sacar - to take out; to get out

sacaría - I would get

sacarme - to get it out

sacaron - they took out

sacó - s/he took out

sacrificaron - they sacrificed

sala - living room

salen - they go out

salí - I left

salía - it was coming out

salían - they would go out

salieron - they left

salió - he left

salir - to leave, to go out

salirse - to leave, to get out

salvadoreña(s) - Salvadoran

salvadoreño(s) - Salvadoran

salvatrucha(s) - member(s) of the gang 'MS-13'

sangre - blood

saqué - I took out

satisfacer - to satisfy

sé - I know

secreto - secret

sectores - sectors

seguí - I followed

según - according to

segundos - seconds

seguridad - security; safety

seguro(s) - safe; sure

seis - six

semana(s) - week(s)

señaló - he pointed out

señora - lady

sentado - seated, sat

sentencia - sentence

(me) sentí - I felt

sentía - I felt

sentido - feeling; felt

sentimiento - feeling

sentir - to feel

ser - to be

seria - serious

sería - s/he, it would be

serio - serious

si - if

sí - yes

sido - been

siempre - always

(se) sienten - they feel

(me) siento - I feel

significa - it means

significados - meanings

significar - to mean

siguiente - following; next

siguieron - they followed

siguió - it followed

símbolo - symbol

simple - simple

simplemente - simply

sin - without

siquiera - even

sirenas - sirens

sirve - it serves

sistema - system

situación - situation

situaciones - situations

sobre - about; upon

sobrevivir - to survive

sociedad - society

(una) sola - (a) single

solamente - only

soldados - soldiers

soledad - loneliness

solo(s) - only; alone; just

solución - solution

son - they are

sonido - sound

(se) sorprendieron - they were surprised

soy - I am

su - his; her; their

súbete - get in

sucedió - it happened

sudor - sweat

suena - it sounds

suficiente - enough

supe - I found out

superarla - to overcome it

superficie - surface

supermercado - supermarket

superó - it overcame; it took over

supimos - we found out

suplico - I beg

suplicó - s/he begged

supuestamente - supposedly

supuesto - supposed

(por) supuesto - of course

sur - south

sus - his; her; their

T

tácticas - tactics

también - also, too

tampoco - either; neither

tan - so

tantos - so many

tarde - later; afternoon

(no) tardó - did not delay; take time

tatuada - tattooed

tatuaje(s) - tattoos

te - you; to you

teatro - theater

teléfono - telephone

temblando - trembling

temprano - early

tendría - s/he, I would have

tenemos - we have

tener - to have

tenga - have

tengo - I have

tenía - s/he, I had

teníamos - we had

tenían - they had

tenido - had

terminar - to end, to finish

terminó - he finished

término - term

terrible - terrible

territorio - territory

testigos - witnesses

ti - you; to you

tiempo - time

tienda(s) - store(s)

tiene - s/he has

tienen - they have

tienes - you have

típicamente - typically

tipo(s) - type(s); guy(s)

tirándole - slamming

título - title

toda - all

todas - all

todavía - still; yet

todo - all, everything

todos - all, everyone

toman - they take; they make

tomar - to take; to make

tomaron - they took; they made

tomes - you take

tomó - it took

tono - tone

tortura - torture

totalmente - totally

trabajaría - I would work

trabajo - job; work

trabajos - jobs

tráfico - traffic

tranquila - calm

tranquilízate - calm down

tras - after

trataba - she treated

tratando - trying

tratar - to treat; to try

traté - I tried

(a) través de - across

trece - thirteen

tres - three

triángulo - triangle

triste - sad

tristeza - sadness

tu - your

tú - you

tus - your

tuve - I had

tuviera - I had

tuvimos - we had

tuvo - s/he had

U

última - last

un - one, an

una - one, an

unas - some

unía - united

única - only

unida - close

(Estados) Unidos - United States

universidad - university

uno - one

unos - some

usaban - they used

usado - used

usamos - we use

usted - you

ustedes - you (all)

utilizan - they use

V

va - s/he goes

valiente - brave

valor - bravery

vámonos - let's go

vamos - we go

van - they go

varias - various; several

varios - various; several

vas - you go

váyanse - go

vayas - you go

ve - go

veces - times

vecindario - neighborhood

veía - s/he, I saw

vendemos - we sell

vengar - to get revenge

vengarme - to get revenge

vengarse - to get revenge

venido - come

venir - to come

veo - I see

ver - to see

verdad - true, truth

verdadero - true; real

ves - you see

vete - go

vez - time

vi - I saw

vida - life

vidas - lives

viejita - little old lady

viejitas - little old ladies

viene - s/he comes

viernes - Friday

vieron - they saw

vigilar - they kept watch

vimos - we saw

vinieron - they came

vino - s/he came

vio - s/he saw

violencia - violence

violenta - violent

violentamente - violently

visitado - visited

visitarme - to visit me

visto - seen

viva - s/he live

vive - s/he lives

vivía - s/he, I lived

viviente - living

vivir - to live

vivo - alive; I live

volver - to return; to do again

volveríamos - we would (do it) again

volviera - I return

voy - I go

voz - voice

Y

y - and

ya - now; already

yo - I